BEI GRIN MACHT SICH IHR WISSEN BEZAHLT

Bibliografische Information der Deutschen Nationalbibliothek:

Die Deutsche Bibliothek verzeichnet diese Publikation in der Deutschen National-
bibliografie; detaillierte bibliografische Daten sind im Internet über http://dnb.d-
nb.de/ abrufbar.

Impressum:

Copyright © 2014 GRIN Verlag, Open Publishing GmbH
Druck und Bindung: Books on Demand GmbH, Norderstedt Germany
ISBN: 978-3-656-85388-6

Dieses Buch bei GRIN:

http://www.grin.com/de/e-book/285184/kostenlose-lernunterstuetzung-fuer-kinder-
und-jugendliche-mit-migrationshintergrund

Tilman Otto WAGNER

Kostenlose Lernunterstützung für Kinder und Jugendliche mit Migrationshintergrund und unbegleitete minderjährige Flüchtlinge in Wien

Ein Bildungsprogramm zwischen den Kulturen

GRIN Verlag

GRIN - Your knowledge has value

Der GRIN Verlag publiziert seit 1998 wissenschaftliche Arbeiten von Studenten, Hochschullehrern und anderen Akademikern als eBook und gedrucktes Buch. Die Verlagswebsite www.grin.com ist die ideale Plattform zur Veröffentlichung von Hausarbeiten, Abschlussarbeiten, wissenschaftlichen Aufsätzen, Dissertationen und Fachbüchern.

Besuchen Sie uns im Internet:

http://www.grin.com/

http://www.facebook.com/grincom

http://www.twitter.com/grin_com

MENTOR Management-Entwicklung-Organisation
GmbH & Co OG Wien

Ausbildung zum Coach für interkulturelle Kooperation und
Integration

ABSCHLUSSARBEIT

*Kostenlose Lernunterstützung für
Kinder/Jugendliche mit Migrationshintergrund
und unbegleitete minderjährige
Flüchtlinge in Wien*
Ein Bildungsprogramm zwischen den Kulturen

Lic. MMMag. Tilman-Otto WAGNER
Wien, November 2014

Inhaltsverzeichnis

1. Einführung in das Themengebiet 4

   1.1 Historischer Exkurs 4

2. Integration von Menschen mit Migrations-hintergrund in der österreichischen
Gesellschaft 6

   2.1 Begriffserklärung 6

   2.2 Integration durch Sprache 7

3. Kostenlose Lern- und Nachmittagsbetreuung in den Caritas Lerncafés und im
LecaYou-Projekt 8

4. Verwaltung, organisatorischer Aufbau, Strukturen der Caritas Lerncafés und des
LecaYou-Projekts 9

   4.1 Das Baleh-Projekt: Basisbildungskurse und Lernangebote für unbegleitete
minderjährige Flüchtlinge 11

5. Zwischen Überlebenskampf und finanzieller Absicherung: Die Menschen hinter dem
Caritas-Bildungsprogramm 12

   5.1 Finanzierung der Caritas 12

   5.2 Die Menschen hinter der Organisation 12

   5.3   Andere Projekte des Caritas-Bildungszentrums 13

6. Fazit 15

Quellenverzeichnis 16

   Internetquellen 16

1. Einführung in das Themengebiet

Im Zuge meiner Ausbildung zum Coach für interkulturelle Kooperation und Integration, eines Bildungsprogramms des Unternehmens *Mentor* in Wien, gehe ich einem achtmonatigen Praktikum im *Caritas Lerncafé* nach. Dieses ist ein Asyl-/Integrations-/Migrationsprojekt des Caritas Bildungszentrums Wien. Die Caritas Österreich ist eine soziale Hilfsorganisation der römisch-katholischen Kirche und Teil der *Caritas Internationalis*, die im Jahre 1903 gegründet wurde. Die Caritas Wien ist eine der neun österreichischen Diözesen[1], die ausschließlich dem Diözesenbischof untersteht und nicht der Caritas Österreich.

Das Rahmenthema dieser Abschlussarbeit bilden die interkulturellen Aspekte der Migration, bzw. Flucht von Menschen nach Österreich, die im Rahmen eines integrativen Bildungsprogramms bei ihrer Integration/Inklusion in die österreichische Gesellschaft unterstützt werden.

1.1 Historischer Exkurs

Weltweit leben etwa 200 Millionen Menschen nicht in dem Land, in welchem sie geboren wurden. Sie haben den Entschluss gefasst, in einem anderen Land ein neues Leben aufzubauen. Dieser Migrationsprozess ist so alt wie die Menschheit selbst, denn dadurch haben sich die Menschen auf der Erde ausgebreitet und die Kontinente besiedelt. Die Gründe dafür sind ganz unterschiedlich. Manche Menschen werden durch Krieg, Verfolgung, Armut oder Hunger aus ihrem Herkunftsland vertrieben, andere erhoffen sich in der neuen Region mehr Sicherheit, einen besser bezahlten Arbeits- oder Ausbildungsplatz, oder aber es handelt sich dabei um kulturelle Beweggründe, wie Sprache, Identität oder Familienzusammenführung. Aber auch Umweltkatastrophen und der Klimawandel sind häufig ein Grund dafür, dass Menschen ihre Heimat verlassen. Menschen, die sich entscheiden, in eine neue Region zu ziehen,

---

[1] Eine Diözese, auch *Bistum* genannt, ist ein territorial abgegrenzter kirchlicher Verwaltungsbezirk. Die Bezeichnung *Diözese* leitet sich von der Untergliederung des Römischen Reiches in Diözesen her. Der Begriff *Bistum* (von *Bischoftum*) hingegen bezieht sich auf das Jurisdiktionsgebiet eines Bischofs. (Quelle: Wikipedia)

erhoffen sich ein besseres Leben. Wenn Menschen nicht selber darüber entscheiden können, ihre Heimat zu verlassen, sondern dazu gezwungen werden, sind sie auf der Flucht. Migration und Flucht sind also zwei verschiedene Formen der Völkerwanderung. WissenschaftlerInnen haben herausgefunden, dass die meisten Menschen versuchen, in ihrem Heimatland zu bleiben, selbst wenn ihre Lebensbedingungen dort sehr schlecht sind.

Zwischen 1945 und Mitte der 1980er Jahre nahm Österreich mehrere hunderttausende Flüchtlinge, vor allem aus den osteuropäischen Staaten auf. In den 1960er und 1970er Jahren gab es einen großen Arbeitskräftemangel in Österreich. So wurden Arbeiter vor allem aus der Türkei und dem ehemaligen Jugoslawien als „Gastarbeiter" für einen bestimmten Zeitraum ins Land geholt. Viele von ihnen blieben und holten ihre Familien zu sich. Ihre Kinder und Enkelkinder sind teilweise schon in Österreich geboren. Sie werden zur zweiten und dritten Einwanderer-Generation gezählt. Seit dem Fall des Eisernen Vorhangs und nach dem Ende des Kalten Krieges setzte jedoch ein Kurswechsel in der österreichischen Asylpolitik ein.[2]

Österreich gehört mit seinem stabilen Rechts- und Wirtschaftssystem zu den reichsten Ländern der Welt. Die demokratischen Rechte der BürgerInnen sind gesichert, auch gibt es eine gute medizinische Versorgung und ein gutes Schulsystem. Heutzutage ist die Zuwanderung nach Österreich durch viele Gesetze geregelt. Mit dem Beitritt zur Europäischen Union und dem Schengen Abkommen, haben alle BürgerInnen der EU die Möglichkeit erhalten, sich frei in der Union zu bewegen und frei ihren Lebens- und Arbeitsplatz zu wählen. Für Menschen aus anderen Ländern ist eine Zuwanderung nach Österreich nur unter bestimmten Umständen möglich:

In einigen Bereichen (z. B.: Bauwesen, Gastronomie, Kinderbetreuung, Altenpflege) werden dringend Arbeitskräfte gesucht, aber auch Studierende und SchülerInnen dürfen nach Österreich kommen. Eine andere Möglichkeit ist die Familienzusammenführung. Wer schon in Österreich lebt und eine Aufenthaltsgenehmigung oder die Staatsbürgerschaft hat, darf seine Familie nachholen.

---

[2] Lese mehr dazu im Artikel „Asyl in Österreich" (04/2013) auf der Homepage des Demokratiezentrums Wien.

Es gibt eine gemeinsame Grundlage für den Schutz von Menschen, die auf der Flucht sind: die Genfer Flüchtlingskonvention.[3] Das ist eine Übereinkunft zwischen 141 Staaten, in der geschrieben steht, wer als Flüchtling gilt und welche besonderen Rechte Flüchtlinge genießen. Auch Österreich hat sich mit der Unterzeichnung dazu verpflichtet, Flüchtlinge, die um Asyl ansuchen, aufzunehmen und zu schützen.

2. Integration von Menschen mit Migrations-hintergrund in der österreichischen Gesellschaft

2.1 Begriffserklärung

Das Wort „Integration" kommt aus dem Lateinischen und bedeutet „erneuern" oder „wiederherstellen", also das Zusammenfügen von mehreren verschiedenen Teilen zu einem neuen Ganzen. Im soziologischen Kontext stellt eine Integration die „Verbindung einer Vielheit von einzelnen Personen oder Gruppen zu einer gesellschaftlichen und kulturellen Einheit"[4] dar. Um zu einer kulturellen Einheit zusammenwachsen zu können, ist es erforderlich, dass Menschen miteinander harmonieren, aufeinander zugehen und sich kennenlernen. Dabei spielen interkulturelle Kommunikation und Sprache eine entscheidende Rolle.

---

[3] Ein Flüchtling ist eine Person, die „... aus der begründeten Furcht vor Verfolgung wegen ihrer Rasse, Religion, Nationalität, Zugehörigkeit zu einer bestimmten sozialen Gruppe oder wegen ihrer politischen Überzeugung sich außerhalb des Landes befindet, dessen Staatsangehörigkeit sie besitzt, und den Schutz dieses Landes nicht in Anspruch nehmen kann ..."
Abkommen über die Rechtsstellung der Flüchtlinge von 1951 („Genfer Flüchtlingskonvention")
Quelle: Homepage des BMI http://www.bmi.gv.at/cms/bmi_asylwesen

[4] Definition laut Online-Duden: http://www.duden.de/rechtschreibung/Integration

2.2 Integration durch Sprache

Das Erlernen der Sprache, welche im Einwanderungsland gesprochen wird, ist ein wichtiger Bestandteil von Integration. Selbstverständlich braucht es auch gemeinsame Regeln und ethische Grundsätze. Für Menschen mit Migrationshintergrund heißt das, dass sie das österreichische Rechtssystem akzeptieren und die Kultur in Österreich respektieren müssen. Umgekehrt muss aber auch dafür gesorgt werden, dass Menschen mit Migrationshintergund einen gleichberechtigten Zugang zu allen Bereichen des Lebens erhalten. Dazu gehören neben dem Anspruch auf medizinische Versorgung, eine Wohnung und einen Arbeitsplatz, auch der kostenlose Zugang zum österreichischen Bildungssystem. Für ein harmonisches Zusammenleben ist jede und jeder von uns gefragt, sich auf den anderen einzulassen und respektvoll miteinander umzugehen. Wenn das gelingt, dann haben wir alle große Chancen, in einer multikulturellen und vielfältigen Gesellschaft zu leben. Die österreichische Kultur hat auch in den letzten Jahrhunderten viel von anderen Kulturen gewonnen, so stammen das Wiener Schnitzel, das Gulasch, der Strudel und der Kaffee ursprünglich nicht aus Österreich.

Die Menschen sprechen verschiedene Sprachen. Von den verschiedenen Kulturen kann man viel lernen. Besonders sichtbar wird das, wenn gemeinsam gearbeitet, musiziert, gefeiert und miteinander geredet und gespielt wird. Die Grundvoraussetzung dafür ist, dass die Menschen, die nach Österreich kommen, die Möglichkeit erhalten, Deutsch sprechen zu lernen. Leider sind in vielen Fällen die finanziellen Möglichkeiten der zugewanderten Personen eingeschränkt, so dass sie sich keinen Deutschkurs leisten können.

In Österreich gibt es verschiedene soziale Organisationen, die mit dem Staat zusammenarbeiten und kostenlose Bildungsprogramme für sozial bedürftige Kinder, Jugendliche, volljährige Flüchtlinge und Menschen mit Migrationshintergrund anbieten. Eine von diesen Organisationen ist die *Caritas Wien,* welche ein breitgefächertes Angebot an Bildungsprogrammen führt und sich für eine nahtlose Integration durch Spracherwerb einsetzt. Im Caritas Wien Bildungszentrum habe ich die Möglichkeit erhalten, im Rahmen meines

Praktikums drei dieser Projekte kennenzulernen und mich aktiv als administrative Arbeitskraft, Sozialberater und Lehrer einzusetzen.

3. Kostenlose Lern- und Nachmittagsbetreuung in den Caritas Lerncafés und im LecaYou-Projekt

Nicht alle SchülerInnen können die erforderlichen Leistungen in der Schule ohne Lernunterstützung bewältigen. Vor allem in Familien mit Migrationshintergrund (Türkei, Tschetschenien, Serbien, Bosnien, Kosovo, Rumänien etc.) und für Flüchtlinge (Afghanistan, Syrien, Somalia etc.) ist kein Geld für Nachhilfestunden vorhanden. Ein niedriges Bildungsniveau der Eltern, mangelnde Deutschkenntnisse oder zu beengte Wohnverhältnisse sind nur einige der Gründe, die es SchülerInnen unmöglich machen, den gewünschten Lernerfolg zu erreichen, bzw. die deutsche Sprache in kürzester Zeit so zu erlernen, dass sie in der Schule keine sprachlich bedingten Probleme haben. Vor diesem Hintergrund hat die Caritas Österreich mit den "Lerncafés"[5] ein kostenloses Lern- und Nachmittagsbetreuungsangebot ins Leben gerufen. Neben der gezielten Hilfestellung bei den Hausaufgaben und der Vorbereitung auf Schularbeiten und Tests geht es den hauptberuflichen und freiwilligen MitarbeiterInnen auch darum, den Kindern und Jugendlichen Freude am Lernen zu vermitteln und ihre Deutschkenntnisse zu stärken. Eine gesunde Jause, interkulturelle Freizeitgestaltungsmöglichkeiten, Beratungsgespräche mit den Eltern der Kinder, Fortbildungsmaßnahmen der ehrenamtlichen MitarbeiterInnen, kreative Workshops, Reflexionsrunden, sowie ein breitgefächertes Veranstaltungsangebot sind im Lerncafé ebenfalls sehr wichtig.

Die Unterstützung durch öffentliche Mittel, allen voran des Bundesministeriums für Europa, Integration und Äußeres[6] ermöglichte es

---

[5] Das erste Caritas Lerncafé eröffnete im Herbst 2007 in Graz.
[6] Das Bundesministerium für Inneres (BMI) hat mit März 2014 seine Integrationssektion im Bundesministerium für Europa, Integration und Äußeres angesiedelt.

der Caritas, das wertvolle Bildungsangebot auf alle neun Bundesländer auszudehnen. Derzeit gibt es 34 Caritas Lerncafés österreichweit.

4. Verwaltung, organisatorischer Aufbau, Strukturen der Caritas Lerncafés und des LecaYou-Projekts

Die Caritas Lerncafés sind dem Caritas Bildungszentrum unterstellt und dem Ressort „Asyl/Migration/Integration – Bildungsarbeit" zugeordnet. Die Zielsetzung der Lerncafés ist wie folgt formuliert:

*Verbesserung der schulischen Leistungen der Kinder und Jugendlichen

*das Ermöglichen eines positiven Pflichtschulabschlusses der Kinder

*Stärkung des Selbstbewusstseins und Gemeinschaftssinns der Kinder und Jugendlichen

*Bewusstmachung und Förderung der besonderen Fähigkeiten und Talente der Kinder und Jugendlichen

*Förderung der sozialen Kompetenzen und Toleranz gegenüber anderer Kulturen

*Eine positive Beeinflussung der SchülerInnen-Eltern-LehrerInnen-Kommunikation

In den Lerncafés und im LecaYou-Projekt[7] erhalten Kinder und Jugendliche zwischen 6 und 25 Jahren aus sozial benachteiligten Familien kostenlose Lernunterstützung. Die Kinder zwischen 6 und 15 Jahren werden montags, dienstags und mittwochs zwischen 13:30 und 18:00 Uhr betreut. In der ersten Lerneinheit (10-15 Kinder) erhalten Volksschulkinder und in der zweiten Einheit (10-20 Kinder) Hauptschulkinder von ehrenamtlichen MitarbeiterInnen Lernunterstützung. Die Jugendlichen

---

Homepage: http://www.bmeia.gv.at/integration/projektfoerderung/nationale-integrationsfoerderung
[7] Das LecaYou-Projekt ist die Weiterführung der Lerncafés für Jugendliche zwischen 15 und 25 Jahren und beinhaltet dieselben Ziele und Arbeitsmethoden wie die Lerncafés.

zwischen 15 und 20 Jahren werden mittwochs und donnerstags zwischen 11:00 und 18:00 Uhr betreut.

Die Aufnahmekriterien setzen eine Schulanmeldung, soziale Bedürftigkeit, mangelnde finanzielle Mittel für Nachhilfestunden, die regelmäßige Teilnahme, Gruppenfähigkeit und eine große Lernbereitschaft voraus. Zum größten Teil benötigen Kinder, die mehrsprachig aufwachsen und/oder aus armen Verhältnissen stammen, Lernunterstützung.

Inhaltlich setzt sich das Bildungs- und Gestaltungsprogramm aus folgenden Schwerpunkten zusammen:

*Hilfe bei Hausaufgaben (vor allem) in den Fächern: Deutsch, Englisch und Mathematik

*gezielte Vorbereitung auf Tests und Schularbeiten

*üben und wiederholen von Lernstoff

*kennenlernen und anwenden verschiedener Lerntechniken

*gemeinsames Lesen und Deutsch-Konversation

*spielen, basteln, malen

*gemeinsame Freizeitgestaltung: Ausflüge, Workshops, Reflexionsrunden, sportliche Betätigung, Kino- und Museumsbesuche, Feste etc.

*PC- und Englisch-Kurse

Derzeit werden 90 Kinder im Pflichtschulalter in beiden Lerncafés in Wien betreut. Es stehen bereits 160 Kinder im Alter zwischen 6 und 15 Jahren in Wien auf der Warteliste. Daher können derzeit leider keine weiteren Kinder aufgenommen werden, obwohl der Ansturm auf das Lerncafé riesig ist. Im Rahmen des LecaYou-Projektes werden ca. 10 bis 15 Jugendliche im Alter von 15 bis 25 Jahren betreut und es gibt keine Warteliste.

4.1 Das Baleh-Projekt: Basisbildungskurse und Lernangebote für unbegleitete minderjährige Flüchtlinge

Viele Kinder und Jugendliche verlassen gemeinsam mit ihren Eltern die Heimat und machen sich auf den Weg in eine bessere Zukunft. Es kommt aber auch vor, dass Kinder alleine auf der Flucht sind. Zu ihnen sagt man auch unbegleitete minderjährige Flüchtlinge[8], weil sie ganz auf sich alleine gestellt und ohne elterliche Begleitung sind. Diese Kinder brauchen besonderen Schutz und besondere Fürsorge!

Unbegleitete Jugendliche mit Fluchterfahrung brauchen besonderen Schutz in Form von altersgerechter Betreuung und Unterstützung auf ihrem Lebens- und Bildungsweg. Dabei ist eine rasche Teilnahme an Bildungsmaßnahmen wichtig. Erst der Erwerb der zentralen Grundkompetenzen ermöglicht den Einstieg in weiterführende Ausbildungen, Berufe, und in Folge in ein selbständiges Leben. Da manche Jugendliche in ihren Herkunftsländern nicht die Möglichkeit eines regelmäßigen Schulbesuches hatten, bietet das Caritas Bildungszentrum Wien im Rahmen von *Baleh* eine Basisbildung an. Neben dem mündlichen und schriftlichen Spracherwerb werden auch andere zentrale Basiskompetenzen wie Mathematik, Landeskunde, Informationstechnologie und Lernstrategien unterrichtet.

Das Baleh-Projekt richtet sich an Jugendliche mit Fluchthintergrund, die in ihren Herkunftsländern keine oder nur geringe Schulbildung erfahren haben und daher keine oder eine geringe literale Kompetenz mitbringen.

Die Angebote dieses Projektes setzen sich wie folgt zusammen:

* Basisbildungskurs - 2 Module zu je 40 Wochen
* kontinuierliche Betreuung und Beratung
* kontinuierliche Reflexion der individuellen Kompetenzen und Lernfortschritte
* Vermittlung von ehrenamtlichen LernpatInnen, die individuell mit den Jugendlichen arbeiten
*Kunstworkshops

Die Ziele des Baleh-Projektes umfassen unter anderem: die Aneignung zentraler Grundkompetenzen, die Festigung der zentralen Kulturtechniken, die Förderung der Orientierungsfähigkeit in der neuen Lebenswelt, die Vermittlung von Kompetenzen im Umgang mit Informations- und Kommunikationstechnologien, die Entwicklung von Lerntechniken und Lernstrategien und die Förderung der Selbstwirksamkeit und Ausdrucksfähigkeit.

5. Zwischen Überlebenskampf und finanzieller Absicherung: Die Menschen hinter dem Caritas-Bildungsprogramm

5.1 Finanzierung der Caritas

Wie bereits erwähnt, wird das Bildungszentrum der Caritas Wien aus Mitteln des Bundesministeriums für Europa, Integration und Äußeres finanziert. Andere Geldgeber sind zum Beispiel der Europäische Flüchtlingsfonds (EFF), der Fonds Soziales Wien (FSW), der Österreichische Integrationsfonds (ÖIF) oder (zu ca. 2 %) die römisch-katholische Kirche[9] in Österreich. Neben der öffentlichen Hand und der Kirche sind vor allem Spendengelder und Sachspenden (Bücher, Spielsachen, Kleider, Geschenke, Lernmaterialien etc.) von Unternehmen und Privatpersonen eine dritte Förderungsquelle der Caritas Österreich.

5.2 Die Menschen hinter der Organisation

In den beiden Caritas Lerncafés in Wien sind insgesamt drei hauptamtliche MitarbeiterInnen angestellt. Zudem ist eine weitere Mitarbeiterin für das LecaYou-Projekt teilzeitbeschäftigt. Diese hauptamtlichen MitarbeiterInnen sollten eine pädagogische oder sozialpädagogische Ausbildung haben. Selbstverständlich können diese vier Angestellten nicht die Betreuung von über 100 Kinder und Jugendliche an zwei Standorten übernehmen. Auch dem Idealismus und sozialen Engagement von ungefähr 60 freiwilligen

---

[9] Mehr dazu im *Standard*-Artikel (10.09. 2012):
http://derstandard.at/1345166674082/Kirchenkritiker-Finanz-Offenlegung-der-katholischen-Kirche-unzureichend

MitarbeiterInnen, einem Zivildiener und zweier PraktikantInnen, die wir allesamt unentgeltlich unsere Dienste zur Verfügung stellen, ist es zu verdanken, dass dieses Bildungsprogramm aufrecht erhalten werden kann. Mittlerweile gibt es ca. 60 Freiwillige und Lernbuddies[10], die sowohl im Lerncafé am Hebbelplatz 5 als auch im Lerncafé am Holeyplatz 1, im Wiener Stadtbezirk Favoriten ehrenamtlich mitarbeiten. Die Freiwilligen können sich auf der Internetseite der Caritas anmelden und kommen zuerst einmal zu einem Infogespräch, wo die ungeeigneten Freiwilligen aussortiert werden. Die geeigneten Freiwilligen werden ans Lerncafé Hebbelplatz 5 weitergeleitet, wo sie ein Gespräch mit der Leiterin führen. In diesem Info-Gespräch werden sie nach ihrer Ausbildung, dem familiären Hintergrund, ihrer Motivation, Erfahrung mit Kindern, interkulturellen Offenheit und zeitlichen Flexibilität befragt. Die freiwilligen MitarbeiterInnen müssen auch ein Führungszeugnis mitbringen. Sobald sie die erforderlichen Kriterien erfüllen, werden sie als LernhelferInnen für die Kinder und Jugendlichen in den Lerncafés und im LecaYou-Projekt eingespannt. Aufgrund eines hohen Ausfalls, werden laufend neue Freiwillige aufgenommen. Zum größten Teil geben sie als Motivation, soziales Engagement und Hilfsbereitschaft an.

5.3 Andere Projekte des Caritas-Bildungszentrums

Neben den beiden Lerncafés, dem LecaYou- und Baleh-Projekt, bietet das Caritas Bildungszentrum eine zahlreiche Vielfalt an Kursen, Bildungsmaßnahmen und Ausbildungen auch für Erwachsene an:

Lernsprung ist ein Projekt von Frauen für Frauen, im Rahmen dessen Frauen mit Migrationshintergrund im Alter zwischen 25 und 50 ihre Lese-, Schreib- und Rechenkenntnisse verbessern können. Der Fokus liegt auf Frauen, die mehrere Jahre in Elternkarenz bzw. als Hausfrauen tätig waren.

---

[10] An der Wirtschaftsuniversität Wien gibt es das Lernhilfe-Projekt „Lernbuddy" für StudentInnen, die sich für ein oder zwei Semester lang als soziale LernhelferInnen im Kurier-Lernhaus, in den Lerncafés, Pfarren oder Flüchtlingsheime einsetzen können. Die StudentInnen werden von der WU ausgewählt und erhalten eine kurze Ausbildung als LernhelferInnen, bevor sie in einem sozialen Projekt anfangen.

Rebeka ist eine Ausbildung für asylberechtigte und subsidiär schutzberechtigte Menschen[11] zum oder zur interkulturellen KindergartenassistentIn in Wien.

Armin ist ein Arbeitsmarktintegrationsprojekt für asylberechtigte und subsidiär schutzberechtigte Menschen ab dem 20. Lebensjahr in Wien, welche ohne formale Qualifikation nach Österreich geflüchtet sind und den Einstieg in den österreichischen Arbeitsmarkt oder in ein Lehrverhältnis anstreben.

migrants care ist eine Vorqualifizierungsmaßnahme von Menschen mit Migrationshintergrund für Pflege- und Betreuungsberufe.

Bildungsberatung ist ein Projekt, das jugendlichen und erwachsenen AsylweberInnen, subsidiär Schutzberechtigten, Asylberechtigten, Menschen mit Migrationshintergrund und neuen EU-BürgerInnen Beratung in Bildungs- und Berufsfragen anbietet.

Deutschkurse/ÖSD-Prüfungszentrum ist ein Bildungsprogramm, welches AsylwerberInnen oder Personen mit anderen Aufenthaltstiteln (z. B. Niederlassungsbewilligung) kostenlose Deutschkurse anbietet und ÖSD-Prüfungen abnimmt.

---

[11] Subsidiär Schutzberechtigte sind Personen, deren Asylantrag zwar abgewiesen wurde, aber deren Leben oder Gesundheit im Herkunftsland bedroht wird. Sie sind daher weder AsylwerberInnen noch Asylberechtigte (Flüchtlinge im Sinne der Genfer Flüchtlingskonvention – GFK), benötigen aber Schutz vor Abschiebung.

6. Fazit

In Zuge meiner Ausbildung zum Integrationscoach und Tätigkeit als Caritas-Praktikant habe ich die Möglichkeit, der Problematik zum Grundrecht auf kostenlose Bildung in Österreich nachzugehen. Vor dem Hintergrund einer kapitalistischen konsum- und profitorientierten Gesellschaft erhält diese Untersuchung eine gewichtige Bedeutung, da in der österreichischen Gesellschaft beinahe sämtliche Dienstleistungen des öffentlichen Lebens privatisiert, und dadurch in eine direkte Wettbewerbsfähigkeit gestellt werden. Im Kontext des Integrationsprozesses von Menschen mit Migrationshintergrund, zu denen auch ich dazugehöre, bleibt die bittere Erkenntnis, dass die Ausländer- und Einwanderungspolitik immer noch ein äußerst kontroverses Thema der österreichischen Gesellschaft darstellt. Auch wenn sich in der Zivilgesellschaft interkulturelle Diskurse und ein kulturübergreifendes Bewusstsein breitmacht, so haben es viele PolitikerInnen und MachtinhaberInnen in Österreich versäumt, eine verfassungskonforme Rechtlage zu schaffen, welche zu einer konfliktfreien Integration der Menschen mit Migrationshintergrund in diesem Land führen könnte. Die Finanzierung der dafür erforderlichen Infrastruktur, wie zum Beispiel von Krankenhäusern, erschwinglichen Wohnungseinrichtungen, Bildungseinrichtungen, Beratungsstellen, Kulturzentren, Arbeitsplätzen etc. bleibt weiterhin ungeklärt, was zunehmend zu einer Entsolidarisierung der Gesellschaft und implizite zu einer erhöhten Kriminalität, dem Wachstum der Kluft zwischen Reich und Arm, letztendlich zu einer Parallelgesellschaft führt, in welcher viele Menschen mit Migrationshintergrund auf der Strecke bleiben.

Die sprachintegrativen Bildungs- und Arbeitsmarktzugangsprogramme, welche diesen Problemen beizukommen versuchen, sind der lebensnotwendige Grundstock für eine friedliche und konfliktfreie Zukunft, in welcher die finanziell abgesicherten BürgerInnen in die Verantwortung gezogen werden müssen, ihren sozial bedürftigen Mitmenschen zu helfen. Nur durch Solidarität zwischen Arm und Reich, dem Bewahren der Freiheit und sozialen Gerechtigkeit kann Österreich den zukünftigen Herausforderungen gewachsen sein und seine demokratischen Werte aufrecht erhalten.

Quellenverzeichnis

Internetquellen

1. http://www.demokratiezentrum.org/wissen/wissensstationen/asyl-in-oesterreich.html (08.11. 2014)

2. http://derstandard.at/2000005891935/Die-Ungleichheiten-der-Fluechtlingsaufnahme-in-der-EU (08.11. 2014)

3. http://www.demokratiewebstatt.at/thema/thema-migration-integration-asyl/zwischen-flucht-und-migration (08.11. 2014)

4. http://www.caritas.at/hilfe-einrichtungen/lerncafes/ (09.11. 2014)

5. http://www.caritas-wien.at/hilfe-einrichtungen/asylmigrationintegration/bildungsarbeit/baleh (09.11. 2014)

6. http://derstandard.at/1345166674082/Kirchenkritiker-Finanz-Offenlegung-der-katholischen-Kirche-unzureichend (09.11. 2014)

7. http://www.caritas-wien.at/hilfe-einrichtungen/asylmigrationintegration/bildungsarbeit/lernsprung (09.11. 2014)

8. http://www.caritas-wien.at/hilfe-einrichtungen/asylmigrationintegration/bildungsarbeit/armin (09.11. 2014)

9. http://www.caritas-wien.at/hilfe-einrichtungen/asylmigrationintegration/bildungsarbeit/migrants-care (09.11. 2014)

10. http://www.caritas-wien.at/hilfe-einrichtungen/asylmigrationintegration/bildungsarbeit/bildungsberatung (09.11. 2014)

11. http://www.caritas-wien.at/hilfe-einrichtungen/asylmigrationintegration/bildungsarbeit/deutschkurse (09.11. 2014)

12. https://www.youtube.com/watch?v=Zue-fddsABE (09.11. 2014)

13. https://www.help.gv.at/Portal.Node/hlpd/public/content/99/Seite.990027.html (29.11. 2014)